Ó CHRÉANNA EILE
FROM OTHER EARTHS

Cnuasach Filíochta
A Collection of Poetry

Julie Breathnach-Banwait
Colin Ryan

First published in Australia in 2024/An chéad chló san Astráil 2024

© Julie Breathnach-Banwait/Colin Ryan

Gach ceart ar chosaint/All rights reserved.

Ní ceadmhach aon chuid den fhoilseachán seo a atáirgeadh, ar aon mhodh ná slí, gan cead a fháil roimh ré ó Bobtail Books.

Apart from any use permitted under the *Copyright Act 1968* and subsequent amendments, no part of this publication or any portion thereof, may be reproduced or transmitted in any form or by any means, including photocopying, recording, or other electronic or mechanical methods, without the prior written consent of the publisher, except for the use of brief quotations for review purposes. For consent requests please contact the publisher at info@bobtailbooks.com.au

Clúdach/Cover art: 'Sunbaked' by Lucy Murfet

Paperback ISBN: 978-0-6457489-4-9
Hardback ISBN: 978-0-6457489-3-2
ebook ISBN: 978-0-6457489-5-6

Printed in Australia

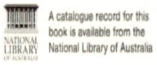

Ár mbuíochas le:

Gearóid Ó Treasaigh agus Aisling Ní Choibheanaigh Nic Eoin.

Colin Ryan

Aistríthe ag an údar/Translated by the author

Gloine	2
Glass	3
Téana ort	4
Come	5
Siúl	6
Walk	7
Aoi	8
Guest	9
Feo	10
Decay	11
Anseo	12
Here	13
Dreach tíre	14
Landscape	15
Deisiú	16
Repairing	17
As láthair	18
Absent	19
Hata	20
Hat	21
Crann	22
Tree	23
Glas	24
Green	25
An ceol	26
The music	27
Tairseach	28
Threshold	29
I gcuimhne ar FH	30
In memory of FH	31

Fuar	32
Cold	33
Duine	34
Someone	35
Dán deiridh	36
Final poem	37
An cailín úd	38
That girl	39
Sorcas	40
Circus	41
Cocatúnna	42
Cockatoos	43

Julie Breathnach-Banwait
Aistríthe ag an údar agus Aisling Ní Choibheanaigh Nic Éoin
Translated by the author and Aisling Ní Choibheanaigh Nic Eoin

Na páistí doirte	44
The spilled children	45
Ní mise mé	46
I am not me	47
Malldhúiseacht	48
Slow awakening	49
Blas ár ngrá	50
The taste of our love	51
Adhlacadh	52
Burial	53
Damhsa bhean na leathchoise	56
Dance of the one-legged woman	57
Lár stáitse	58
Centre stage	59
Ar thóir an chéad íobartach eile	62
The search for the next victim	63
Tionchar	64
Influence	65
Cúisíní cleite	68
Feather cushions	69
Loinnir gan bhunús	70
Baseless gleam	71
Greim	72
Grip	73
Mangróbh	74
Mangrove	75
Do chnámha fágtha	76
Your left bones	77
Ag breathnú ar dhubh	78
Looking at black	79

Caomhnú	80
Preservation	81
Lóistéir	82
Lodger	83
An tumadh mall	84
The slow submergence	85
Bunú	86
Grounding	87
Gan ghlacadh	88
Spurn	89

Gloine

Dúil agat fós i scátháin
a leathnaíonn seomra

ag aithriseoireacht
le comharthaí

a chuireann an chruinne
ar mhalairt treo

scátháin lastall de scátháin
siar go teorainn

nach teorainn í
i ndoimhne gloine

Glass

You want mirrors still
widening a room

mimicking
with signs

that turn the world
another way

mirrors beyond mirrors
back to a boundary

nonexistent
in the depth of glass

Téana ort

Téana ort tamall den bhóthar
a dúirt an bhean
in éide gheal chumhra:
ná tabhair an Bás orm
go deireadh aistir

is an tsráid ag síneadh
idir fhothraigh
an ghaoth ag bualadh
eiteog mar aingeal
ár gcosa gan lorg
inár ndiaidh

Come

Come along with me
said the woman
in bright and fragrant clothing:
don't call me Death
until journey's end

the street running
between ruins
the wind beating
wings like an angel
our feet leaving
no trace behind

Siúl

B'in an bóthar a shiúil tú
san oíche
an diabhal ar do chúl
tafann an mhadra thiar
an abhainn romhat amach
ag rith aniar ó chríoch aineoil
chun eolas na farraige

Walk

That was the road you walked
at night
the devil behind you
far barking of the dog
the river before you
running from unknown country
to the sea's knowledge

Aoi

Bhí sé roimpi ann
an duine úd ab aithnid di fadó
ag ithe is ag ól
ag insint scéalta
bóthar tréigthe ina shúile
is scáthanna oíche
is rinneadh gaoth de
nár shéid do dhaoine eile
is an ghloine lán go fóill
is an béile gan ithe

Guest

He was there before her
that person she knew long ago
eating and drinking
telling tales
an abandoned road in his eyes
and shadows of night
and he became a wind
that blew no good to others
with the glass still full
the food uneaten

Feo

B'in an feo
duilleoga na hEorpa
séite ar chosán na mbeo
daoine ag siúl
ina n-uaigneas féin
an t-aer ag tanú
san intinn

Decay

Decay was there
the leaves of Europe
blown on the path of the living
people walking
in their solitude
the air thinning
in the mind

Anseo

Ar ghlas an fhéir
a fuair sé bás
faoi mhíshuaimhneas
na gcrann
é á scrúdú féin
sula ndearnadh
aer den aigne
is solas
dá raibh dorcha

Here

On the green of the grass
is where he died
under the restlessness
of the trees
studying himself
before
mind was made air
and all that was dark
became light

Dreach tíre

An féar ag fás idir fhoirgnimh
na crainn ar crith
idir scáth is solas

na seana ag allagar
le guthanna gaoithe

imeall na gréine
dár dtarraingt
aniar chun ainmhéid oíche

Landscape

The grass growing between buildings
the trees trembling
between shade and light

the aged arguing
with voices of wind

the edge of the sun
drawing us on
to night's immensity

Deisiú

Rinne siad deisiú gan stad
is na tithe ag titim
na díonta ag ligean
mhírún na spéire isteach
na hurláir ag nochtadh
uaigheanna seanchogaidh:

chuir siad i leataobh
an sábh is an casúr
is d'imigh gan filleadh
trí dhoras nár dhoras é
ach cuimhne

Repairing

They endlessly repaired
while the houses were falling down
the roofs letting in
the sky's ill will
the floors exposing
graves of an old war

they set aside
saw and hammer
and left without return
through a door that wasn't a door
but memory

As láthair

Agus cuimhneoidh tú
ar an taibhreamh solasmhar
is ar an seomra úd
lán de throscán d'óige
is gloine gheal
atá folamh ó do cholainn
folamh ó smál do bheatha

Absent

And you'll remember
the light-filled dream
that room
full of the furniture of your youth
and a bright mirror
empty of your body
empty of the misfortune of your life

Hata

Chnag sé ar an doras
a aghaidh crochta i scáthanna
is chaith siad an oíche
ag cíoradh a raibh i bhfolach:

ag imeacht dó dhealaigh an ghaoth
ó chéile é
a hata fágtha ina dhiaidh
líonta le scáthanna
le cogar a anama

Hat

He knocked on the door
his face held in shadow
and they spent the night
discussing what was hidden:

when he left the wind
broke him up
his hat left behind
full of shadows
and the whispering of his soul

Crann

Crann
faoi sholas séimh
i bhfuinneog

ag feitheamh le rud
nach bhféadann focail
a chur in iúl
rud nach bhféadtar
a dhearmad

Tree

A tree
in a soft light
in a window

waiting for something
that words
can't say
something that can't
be forgotten

Glas

Glas an duilliúir
i nglinne an uisce

i ngloine chaol
cois gloine ghlas
fuinneoige

Green

The green of leaves
in the clarity of water

in a narrow glass
by a green
window

An ceol

Tá aithne agam air
le dhá scór blianta
a dúirt sí ag cuimhneamh
ar shnagcheol is punc is na blues

is an tráthnóna
amuigh
na crainn á lomadh
ag aer glasfhuar
na haimsire

The music

I've known him
for forty years
she said remembering
jazz and punk and the blues

and the evening
outside
the trees being stripped
by the chilly air
of time

Tairseach

Siar is aniar
a ghabhann an saol
tríd an teach
a thóg na mairbh
ag caitheamh an dín
is na mballaí
ag caitheamh
thairseach na cuimhne

Threshold

Back and forth
life goes
through the house
the dead built
wearing out roof
and walls
wearing out
memory's threshold

I gcuimhne ar FH

Agus d'imigh sé leis san fhásach
gan iompú ón aistear
i gcomhluadar na reann

suaimhneas tagtha
ar spleodar na haigne
an corp ag iompú ina chré
is an chruinne ag teacht
ina choinne anuas

In memory of FH

And he went into the desert
not turning from his journey
in the company of stars

with an exuberant mind
made peaceful
the body becoming dust
and the heavens descending
to meet him

Fuar

An geimhreadh
os cionn na sráide fliche
na scamaill ar lasadh
i ngorm fuar na spéire
in aigne gheal na gréine

Cold

The winter
above the wet streets
the clouds alight
in the cold blue of the sky
in the bright mind of the sun

Duine

Chonaic sé é féin
ag an mbord
mar a d'fheicfí duine i bpictiúr
ag crochadh gloine

amhrán séimh aniar
is solas an lae aduaidh
an fiach dubh amuigh
ina armas
ar bhinn

Someone

He saw himself
at the table
like someone seen in a photo
lifting a glass

a smooth song from behind
and daylight from the north
the raven outside
heraldic
on the eave

Dán deiridh

Caithfidh tú dán a chumadh
díreach roimh duit dul abhaile
(chun solais neamhshaolta
nó duibheagáin)
is an t-aingeal chugat anuas
a fhógraíonn tús is deireadh
an t-aingeal atá riachtanach
is nach bhfuil ann

Final poem

You must make a poem
just before you go home
(to unearthly light
or the abyss)
when the angel descends to you
announcing the beginning and end
the angel who is necessary
and doesn't exist

An cailín úd

An cailín úd
ina stráinséir
lasmuigh den fhuinneog ard
ar snámh
sa samhradh
éan ildathach istigh inti
bualadh sciathán

That girl

That girl
as a stranger
outside the high window
afloat
in the summer
an iridescent bird inside her
the beating wings

Sorcas

Anseo a chonaic tú
an ghríobh an púca is an baisileasc
á léiriú féin os comhair an tslua
is traipéiseoirí an dá cheann
ag gluaiseacht thuas
is áilteoirí ag cíoradh
fhealsúnacht na sean
is páiste ina measc ag féachaint
ar an nochtadh deoranta
an taibhreamh sorcasúil

Circus

Here you saw
the griffin the goblin and the basilisk
performing to the crowd
two-headed trapezists
gliding above
the clowns discussing
the philosophy of the ancients
and a child amid them looking
at the alien revelation
the circus dream

Cocatúnna

Féach! A dúirt sí de chogar:
cocatúnna!
is an táin bhán ag éirí
d'aon ghuth garg
i ngoirme an fhómhair

Cockatoos

Look! She whispered:
cockatoos!
and the white horde rising
with one harsh voice
in autumn's blue

Na páistí doirte

Doirteann siad asam, locháin linbh
Gan corp ná cruth, guth ná beocht
Iadsan nach féidir a bhfás a bheathú
Atá ag spochadh mar
Agóid útamálach i mo bhroinn

Teitheann siad i ndubh na hoíche
Gan rabhadh, focal, smid ná trácht
Chun insint dom nach mé atá uathu
Lena mbailte a dhéanamh
I mbroinn máithreacha níos boige

The spilled children

They spill forth, pools of babies
Bodiless, shapeless, voiceless, lifeless
Those whose growth I cannot nurture
That spar like
A fumbling protest in my womb

They flee in the black of night
Without warning, word, puff or trace
To let me know that I am not for them
To make their homes
In the wombs of softer women

Ní mise mé

Ní mise mé
ach leagan bréagach
atá ag damhsa tharam
cluasbhodhar, balbh-bhéil
ag déanamh bearráin
nuair nach n-airím
is nach n-éistim
le croí ná corp
is iad beirt ag búireach

sáraím leo is
cuirim i dtaisce iad
i lardrúis arda
i bhfad as m'amharc
is déanaim iad a fheistiú,
a chóiriú, a chíoradh,
a cheansú, a cheistiú
le plámás, gean is focail fhalsa
is iad a ghlasáil
le glas iarrainn
(le cód casta)
le siúl go ndéanfainn
dearmad orthu is
fanaim le ciúnas
nach gcuairtíonn ach seal

Ní mise mé
ach bean atá
ag sciorradh isteach
is amach ina saol féin
is nach é an bás
atá á sheachaint aici
ach beatha

I am not me

I am not me
but illusive versions
weaving past
deaf of ear, silent
taunting
when I don't feel
or listen
to heart nor body
and them both bellowing

bickering, I
frugally place them
in the tallest larders
far from my view
and I arrange them
dress and comb them
appease and challenge them
with flattery, affection and false words
and lock them
with an iron padlock
(with a complex code)
in hope that I
would forget them and
I wait for silence
that visits seldom

I am not me
but a woman
who is slipping in
and out of her own existence
and it is not death
she evades
but life

Malldhúiseacht

Ar dhúiseacht
seabhrán cairr im chluas
ag scuabadh tharam
i mearbhall deifir
toit ag méanfach
ó chupán caife
ag téamh m'aghaidhe
mo mhealladh isteach
i maidneachan lae
gathanna gréine
ag spléachadh trí
chomhlaí adhmaid
doirteann mé
mé féin isteach
i gculaith chrua
is cuirtear
tús leis
an gcluiche

Slow awakening

On awakening
the swish of cars in my ears
sweeping past
in a hurried daze
steam yawning
from a coffee cup
warming my face
coaxing me into
the dawning of day
sunrays
glimpsing
through wooden shutters
I pour myself
into a hard suit
and so
the game
begins

Blas ár ngrá

An bhfuil sé ar nós bogha ceatha
Casta, ildathach, infinideach?
Ag giosáil uaireanta mar mhilseán ar theanga páiste
Nó dorcha mar réaltraí seal, soilse ag rince
Chomh dúr le dromchla na gealaí lá
Milis mar chána siúcra, mearbhlach mar sheacláid dhubh
Mil scríobtha ó choirceog na mbeach le barr mo mhéire
Géar ar bhlaiseadh, líomóid nó teile ghlas?
Is meallann sé an tsúil, neon ar dhubh
I bhfolach i gcúinní a thagaim air
i gceileatram pluide lá seaca
Chomh glórach go bhfuil orm mo chluasa a phacáil ón gceol
Mar go munlaíonn sé dathanna nach bhfacthas ariamh
Is tairgeann sé blasanna nua im bhéal
Iad ag búireach is ag sioscadh beirt
Dearg le colg, glas le mian, gormghoinideach mar bhrón
Is iomarcach mar ríchathaoir diamant i bpálás óir

The taste of our love

Is it like a rainbow
Complex, kaleidoscopic, infinite?
Crackling at times like a sweet on a child's tongue
Or dark like galaxies sometimes, frolicking lights
As dull as the surface of the moon on days
Sweet like sugar cane, illusive like dark chocolate
Honey scraped from a bee's hive with the tips of my fingers
Acidic on tasting, lemon or bitter lime?
And it attracts the eye, like neon on black
I come upon it concealed in corners
In the guise of a blanket on a frosty day
So vocal that I must pack my ears from the music
As it crafts colours never seen
And it proffers new tastes in my mouth
Howling and whispering both
Red with rage, green with desire, a glacial blue with sadness
And indulgent like a diamond throne in a golden palace

Adhlacadh

Brádán
báistí ag bagairt
cóisir chlabhtaí
ag síneadh romhainn
cochall gorm
i bhfoirm dín ag foluain

scraitheanna sleabhctha
sínte go leataobh

cnámharlach a muintire
á múscailt
ón néal sámh
á fáiltiú
chun suain síoraíochta

cogarnach chiúin
á chogaint
ó bhéal fir
faoi chumhdach
i bhfeisteas róba
ag clupaideach
i bhfeadaíl gaoth shiógach

focail is feascair
nár chualathas
ach a chonaiceas
in éadain mná

dallta a ghlinníodar
-na taibhsí úd-
tharam

Burial

A drizzle of
rain threatening
clusters of clouds
stretch ahead
a blue cowl
formed like a hovering roof

limp scraws
stretched aside

her people's bones
aroused
from serene slumber
welcoming her
to eternal sleep

a quiet whisper
chewing
from a man's mouth
shrouded and
attired in robes
flapping
in a ghostly whistling wind

words and vespers
not heard
but seen
in the faces of women

blindly they peered
-those ghosts-
over me

fúm
tríom
mar nach rabhas ann
ach mar chorpán
marbh folamh
amháin

                              beneath me
                             through me
                           as I wasn't there
                         but as a dead empty
                                corpse
                                 only

Damhsa bhean na leathchoise

Tá fáil ormsa
i ndamhsa bhean na leathchoise.
i ndorn na ndeirfiúracha atá ag spochadh
go sotalach ar shéideáin ghaoithe.
Sna scátháin bhriste, scoilte,
atá m'aghaidh phúcach mar mhósáic.
Cuimilte ar mhulláin aolchloiche
atá braillíní dem chraiceann ina luí,
faoi fhóiséad doirteadh báistí.
I radaireacht na mná scanrúla,
a mhothóidh tú mo cholg dearg.
Tollfar pollta i do chluas nuair a chloisfear
m'olagón taibhsiúil.
Beidh mé ag sculcaireacht faoi scáil,
i dteannta i gcúinní is blaisfear díom
mar phluid salainn ar an míl is milse.
Feicfidh tú ansin mé,
scriosta is curtha le chéile
le corp atá stróicthe ón láib,
ó dhris fhiáin is portach
is sileadh dhuileasc
dorcha an Atlantaigh.

Dance of the one-legged woman

I am found
in the dance of the one-legged woman.
In the fists of sisters sparring
insolently with gusts of wind.
In smashed mirrors, split,
my ghostly face is mosaicked.
Smeared on boulders of limestone
is where sheets of my skin slumber
under funnels of pummelling rain.
In the raving of fearsome females,
you'll sense my red rage.
A spew of ghostly wailing will pierce
and haunt your ear when I speak.
I will be felt skulking in shadows,
trapped in corners and I will be tasted
like a blanket of salt on the sweetest honey.
There you'll see me,
erased and rebuilt
with a body that is stripped from mire,
wild briar and bog
and the dark dripping dulse
of the Atlantic.

Lár stáitse

Socair
ag stad an bhus
braonaíl báistí
ag clabhstráil
síos ar phána plaisteach
damhán alla díograiseach
ag scinneadh abhaile
i bhfliuchán tuile
a spreangaidí spanlaí
go glúin i lochán
fúm an choincréit
snasta scoilte
is púdar puiteach
sna scailpeanna líonta
ag ithir dhorcha
is fós brúnn
luifearnach bhrufar
ag aithriseoireacht mar bhláth
barrchrochta
ag adhradh gréine
ag mealladh mo ghrá
is déanaim suntas
is lena hais
nóinín bídeach
ag sáraíocht ar son
orlach slánaithe
is arracht ársa
i lár an stáitse
ardaím liom
an amhailt amplach
is cuirim é
i móinéar glas

Centre stage

Still
at a bus stop
tears of rain
clambering
on a plastic pane
an ardent spider
skims home
in a wet deluge
his spindly shanks
knee-deep in puddles
below the concrete
shiny and split
and powdered soil
in the filled-up cracks
by dark earth
and yet forth wrestles
a bustling weed
mimicking a flower
tip-tilted
worshipping sun
enticing my eye
and I notice
beside him
a tiny daisy
contesting for
an inch of salvation
and this mighty creature
centre stage
I pluck
this greedy monster
and plant him
in a green meadow

go sínfidh sé
a ghéaga thairis
gan chiontacht mar gheall
ar scáil a chomharsan

so he can stretch
his limbs from him
without the guilt
of his neighbour's shadow

Ar thóir an chéad íobartach eile

blaosc fear maol
i bhfoscadh
i bpáipéar nuachta
i gcaifé
a bhaithis lom daite
is pollta le dó
fuaite i bpatrún croise
ag scil méara máinlia

ailt na gréine – an t-olc
an tAinchríost
ag rapadh
ar phána
á mhealladh amach
i mbealach
a mheilte

The search for the next victim

a bald man's skull
sheltering
in a newspaper
in a café
his crown bare and tinged
and pierced with burn
sutured in a cross-pattern
by a surgeon's skilled fingers

the sun's knuckles – the harm
the Antichrist
rapping
on a pane
enticing him out
to the route
of his demise

Tionchar

– i ndilchuimhne ar CÓC
(1928-2017)

Sháigh píopa cam óna bhéal
clabhtaí puithe dheataigh
ag méanfach thar a bhaithis

malaí giobacha tiubha
mar théastar
ar dhíon a shúile

faoi shuan suite
mar sheilidí sramacha
marbhchodlatach,
á choinneáil dorcha tostach
is i bhfad ó dhuine

cor ceoil ina ghlór
is poirt gan phatrún
mar fheadaíl gaoithe óna bhéal

a chraiceann buí is righin
mar bhuatais leathair
tréigthe i ngrian

níor thuig mé
tairbhe a thionchair
níor shúigh mé
fírinneacht a fhocal
ná cumhacht
a chomhairle

Influence

– In memory of CÓC
(1928-2017)

A twisted pipe stuck from his mouth
clouds of puffed smoke
yawning over his forehead

thick tattered brows
like a pelmet
on the roof of his eyes

sitting restful
like slimy snails
drowsing
holding him dark and reticent
and distant

a chorus of choirs in his voice
and hit-or-miss tunes
like a windy whistle from his mouth

his skin yellowed and tough
like a leather boot
abandoned in sun

I didn't grasp
the worth of his influence
I didn't absorb
the truth of his words
or the power
of his counsel

go raibh sé
fuar san uaigh
is gan smid as

until he was
cold in the grave
without a sound

Cúisíní cleite

socraím í
i mbraillíní síoda
is i bpluideanna olla
á bhfilleadh thairsti
i gcocún cúng

bogaim í
le sioscadh suantraí
is roimpi
i mbrionglóid mhilis
leagaim taipéis
úrchruthaithe

go ndéanfaidh
a cnámha suaimhneas
i gcúisíní cleite

is go saorann sí
na rudaí úd
a mhaireann inti
mar thaibhsí

Feather cushions

I settle her
in silken sheets
and woollen blankets
folding them around her
in a snug cocoon

I soothe her
with murmuring lullabies
and to her
in a honeyed dream
I place a freshly made
tapestry

so her bones
can calm
in feather cushions

and she liberates
those things
that lives within her
like phantoms

Loinnir gan bhunús

Chuir tú snas orm mar sheile –
cúr smugairle –
smeartha ar phíosa
airgid le d'ordóg
gur léim dathanna
bréige óm bhaithis

Baseless gleam

You polished me like saliva –
foam of slaver –
smeared on a silver coin
with your thumb
so false colours
leapt from my crown

Greim

Dá bhfágfainn lorg
do shaoil ar pháipéar
gach foscéal is faisnéis
scríofa fút le focal fánach
gach gáire a phléasc asat
diosctha dealaithe

scéal na ndeora
a chuimil tú ód leiceann –
i nguais ghoilliúnach –
le cúl do mhuinchille scaipthe

gach amhrán bog a sciorr uait
i gciúnas leigheas réiteach an tae
cruaite i gcaibidil chasta
cumhdaithe i véarsa

síolaithe i stéibh
réabtha i rainn

bheadh tú liom go deo

Grip

If I left traces
of your life on paper
each tale and tiding
written about you with a wasteful word
each laugh erupted
dissected and dispersed

tales of tears
wiped from your cheek –
in silent distress –
with the back of your sleeve spread

each tender tune that slipped from you
in the silent cure of tea-making
hardened in complex chapters
preserved in verse

solidified in stave
shattered in rhyme

you would be with me forever

Mangróbh

Déantar forghabháil
ghabhálach, go glámach
rútaí ag rangaireacht
is nach dóthain uisce ná ithir
triomach ná fliuchán
gathanna gealaí ná
cumhdach na créafóige
dóibh siúd
fústrach is giodamach
lúbra lúbtha trína chéile
casta cniotáilte
fite fuaite le fána
ag beathú a chéile
ag tarraingt óna chéile
mar leannáin
gan dóthain

Mangrove

Gripping
possessively, clutching
wrangling roots
with drought nor dank
drink nor dry
sun rays nor
the safe soil enough
for those
fussy and finicky
those interlacing mazes
braided and sewn
woven and stitched
feeding and denying
each other
like lovers
yet unsatisfied

Do chnámha fágtha
Do Bhríd a d'fhág muid

D'fhágfainn dá bhféadfainn iad
ina gcarnán i gclúid
do chnámha
ina suí mar chruach chaillte
is stróicfinn do chraiceann díobh go sciobtha
le barr mo mhéara

Is shuífeadh siad ansin leo féin
gan ghluaiseacht ná torann
do chnámha
ag impí orm iad a shábháil
is a gcuid cneámhaireacht a mhaitheamh
is dhéanfá roghanna gan iad

is rithfeadh muid is d'éalódh muid
mar thaibhsí gan anam is
do chnámha
fágtha chun iad féin a bheathú
gan do ghrá ná d'fhoscadh
ná damhsa do chinn is tú
ag leipreach chun ceann scríbe

Your left bones
For Bríd who left us

I would leave them if I could
in a heap on the hearth
your bones
sitting like a lost mound
and I would strip your skin off them abruptly
with the tips of my fingers

And they would sit there by themselves
without movement nor sound
your bones
entreating me to rescue them
and forgive them their roguery
and we'd make choices without them

and we'd run and we'd flee
like soulless spectres and
your bones
would be left to fend for themselves
without your love or shelter
or your mind's dancing
leaping to our destination

Ag breathnú ar dhubh

Tá gormghlas na farraige ag glaoch
is doimhneacht ghlaineacht na spéire

ag spréacharnach mar sheoid airgid i ngrian
tá an féar ag cur dinglis i mbarr mo rúitíní

is daoine meangacha meidhreacha
san ídil seo deirtear liom

ag learaireacht ar thrá óir
ag alpach neart ó ghathanna gréine

tá na crainn ghuma ar bharr cnoic
ag umhlú
ag leanbaíocht ar ghlóire na spéire

tá an gaineamh dearg ag screadach
mar smól tine bhorb lasta

is déantar gaisce ar dhathanna nár cruthaíodh 'riamh
i gcluimhreach na gcocatúnna

ní airíonn seisean
-lena chorp ná lena shúil-
ach dubh

Looking at black

The azure seas beckon
and the depths of the glimmering sky

shimmers like a silver gemstone in sun
the grass tickles the tips of my ankles

and there are mirthful beaming people
in this idyll I'm told

lounging on golden shores
absorbing strength from sun rays

the gumtrees on the hilltops
genuflect
doting on the sun's glory

the red sands shriek
like a seething lit fire

and shades never seen are flaunted
in the plumage of the cockatoo

he only perceives
-with his body or eye-
black

Caomhnú

is nuair a shleamhnaigh sé óna broinn
thiontaigh sí de thimpiste
ina saighdiúir ag caomhnú
dúin is linbh
ag faire orthu siúd
a chas súil air

fógraíonn
dream an eolais
go n-ardaíonn
cuisle chroí mháthrach mar
spreagadh fochomhfhiosach
nuair a dhéantar
caint lena páistí
nó suntas orthu
fiú uathu siúd a thagann
mar chairde gan bhagairt

is rinne an saighdiúir sin scinneadh
go slítheánta
i scáil a mic
ó mhaidneachan go breacdhuifean
go raibh sé sách airdeallach
go léadh sé féin
na leideanna roimhe
is go ndéanadh sé féin
cinneadh
ar ghuaiseacha

is ansin chiúnaigh croí
an tsaighdiúra úd

Preservation

and when he slipped from her womb
she fortuitously turned
into a soldier preserving
fort and child
observing those
that turned their eyes upon him

those who know
declare that
a mother's heartbeat
increases as a
subconscious impulse
when her children
are spoken to
or acknowledged
even from those who approach
as friends without hostility

and that soldier skimmed
skulking
in her son's shadow
from dawn to dusk
until he was vigilant enough
and could read
the cues ahead
and he himself could
assess
perils

and the heart of that soldier
then silenced

Lóistéir

díreach suite istigh i smior a croí
atá boige na boigeachta
is nuair a théitear isteach
feictear fáth a cruais
gróigthe ar ríchathaoir óir
atá sé, ag luascadh a chosa
mar bhithiúnach bradach
is coróin mheirgeach suite ar bharr a chinn
is é ag brú siar na mblianta
is ag ionghabháil gach orlach dá colainne
go ndearna sí margáil leis
i scáil na hoíche
dúdóg 'théis dúdóige
chun é a mhaothú

Lodger

right inside sitting at the marrow of her heart
is the softest of softness
and whilst inside
her grounds for hardening is observed
perched on a golden throne
he is, swaying his legs
like a feral rogue
with a tarnished crown atop his head
as he pushes back years
ingesting every inch of her being
until she haggled with him
in the shade of night
blow after blow
to appease him

An tumadh mall

Go rúitín
I ndíle
Ag deilbhiú stiúracha
Ón longbhá
Is ag snaidhm seolta
As eangacha millte
Maidhm is tonn
Ag ardú
Ar cholpa, ceathrú
Is corróg
Is fulaingím
Ag casúireacht
Is ag fuáil
Ag casúireacht
Is ag fuáil

The slow submergence

Ankle deep
In deluge
Fashioning rudders
From shipwrecks
Knotting sails
From mangled nets
Surge and swell
Rising
On calf, thigh
And hip
And I endure
Hammering
And stitching
Hammering
And stitching

Bunú

Céard atá seasmhach
trí chiréip is corraí
is a shuíonn go muinteartha
is gach ní allúrach?

Céard atá buan
nach dteastaíonn míniú
is nach n-iompraíonn bagairt?

Céard é an bunú
Ach atá i bhfad uait
is tú ag guairneán
tríd an gcruinne
ábhal is fhíochmhar?

Seas.
Fan.
Féach.
Beir greim.
Tóg anáil.
Tóg foscadh.
Ansin.

Grounding

What is it that is steadfast
through turmoil and shift
and sits familiarly
when all seems unknown?

What is permanent
unrequiring of meaning
and doesn't carry threat?

What is it that grounds
but is far from you
whilst you swirl
through the universe
vast and ferocious?

Stand.
Wait.
Look.
Grip.
Breathe.
Shelter.
There.

Gan ghlacadh

Síntear chuici an leigheas
i gcrúscaí bídeacha bána

Is galar atá orm ar sí
gan neart agamsa

ar bhitheolaíocht
ná tanú an chraicinn

seo ar mo lámha
mar go n-éilíonn an domhan mór

an fhoirfeacht
is í ag sciorradh uaimse

Spurn

Her healing is handed to her
In tiny white jars

I am diseased she says
I cannnot control

biology
or this skin thinning

on my hands
as the greater world

demands perfection
and it is slipping from me

Tá cuid de na dánta seo agus leaganacha de na dánta seo foilsithe cheana i *Poetry Ireland Review, HOWL New Irish Writing, An Lúibín, Trasna, Cathal Buí Anthology, The Waxed Lemon, Into the Wetlands Anthology* (WA Poets) agus craolta ar Raidió Teilifís Éireann, Raidió na Gaeltachta.

Some of these poems and variations of these poems have previously been published in *Poetry Ireland Review, HOWL New Irish Writing, An Lúibín, Trasna, Cathal Buí Anthology, The Waxed Lemon, Into the Wetlands Anthology* (WA Poets) and some have been broadcast on Raidió Teilifís Éireann, Raidió na Gaeltachta.